BEI GRIN MACHT SICH IHR WISSEN BEZAHLT

- Wir veröffentlichen Ihre Hausarbeit, Bachelor- und Masterarbeit

- Ihr eigenes eBook und Buch - weltweit in allen wichtigen Shops

- Verdienen Sie an jedem Verkauf

Jetzt bei www.GRIN.com hochladen und kostenlos publizieren

Jessica Schumacher

Kinderarmut in Deutschland

Lernzusammenfassung für mündliche Magisterabschlussprüfung

GRIN Verlag

Bibliografische Information der Deutschen Nationalbibliothek:

Die Deutsche Bibliothek verzeichnet diese Publikation in der Deutschen National-
bibliografie; detaillierte bibliografische Daten sind im Internet über http://dnb.d-
nb.de/ abrufbar.

Impressum:

Copyright © 2008 GRIN Verlag GmbH
Druck und Bindung: Books on Demand GmbH, Norderstedt Germany
ISBN: 978-3-656-73791-9

Dieses Buch bei GRIN:

http://www.grin.com/de/e-book/279943/kinderarmut-in-deutschland

4. März 2008

Institut für Allgemeine Pädagogik und Berufspädagogik
Abschlussprüfung im Hauptfach Pädagogik
Verfasserin: Jessica Schumacher

1.   Kinderarmut in Deutschland

Warum ist Kinderarmut ein Thema der Pädagogik?

Kinderarmut = Bildungsarmut

> **Kinder und Jugendliche, die auf Sozialhilfeniveau leben, müssen auf Taschengeld, Freizeit- und Sportangebote verzichten. Oft ernähren sie sich mangelhaft und sind nicht gesund bzw. schlechter gesund. Benachteiligte Kinder bleiben immer häufiger in isolierten Wohnvierteln unter sich, ohne gute Schulen, Ausbildungsmöglichkeiten und ausreichende soziale Unterstützung.**
> - **Dies hat dramatische Folgen von Armut und Ausgrenzung!**
> - **Unterstützung: Kostenlose Erziehungs-, Betreuungs- und Bildungseinrichtungen**

Differenzen (von größten zu kleinsten):
- materiell (eigenes Zimmer, Spielsachen, Kleidung) -> Finanzielle Lage ausschlaggebend!!!
- kulturell, vor allem in der Schule
- sozialer Bereich: weniger Geburtstagsfeiern, weniger Vereinsaktivitäten
- gesundheitlich

1.) Kinderarmut reduziert Bildungschancen
2001: „Internationale Grundschul-Lese-Untersuchung" (IGLU)
Zusammenhang deutlich:
- Schulleistung, soziale Herkunft, Migrationshintergrund
  → 10,3% der Kinder in D erreichte nicht die Lese-Kompetenz II
  → vorprogrammierte Schwierigkeiten bzgl. der Anforderungen in Sekundarstufe I

Bei PISA 2000 waren es ca. 23%

Nach PISA 2003 vergrößert sich die Chancengleichheit der einzelnen Schulformen:
- D ist zwar im internationalen Vergleich „aufgestiegen",
- jedoch ist dies überwiegend auf Leistungen im Gymnasium zurückzuführen

Einkommen und Bildungsstand der Eltern wirken sich stark auf den Schulerfolg der Kinder aus!
Man sieht,
- **dass die Bildung der Eltern in der Regel mit steigender Armut abnimmt.**
- Oder wenn man in einer gewählten Phase Armut in Kauf nimmt (=transitorische Armut), um bspw. einen Studienabschluss zu erreichen.
- Oder wenn ein Elternteil der die Kinderbetreuung übernehmen möchte, zeitweise den Beruf aufgibt.

Viele Familien fühlen sich nicht in der Lage, ihre Kinder ausreichend zu fördern und zu motivieren, damit sie die Schule erfolgreich bewältigen. Kinder schätzen auch ihr Selbstvertrauen und die eigene Lernkompetenz je nach Schichtzugehörigkeit unterschiedlich ein.

Zugang zu höherwertigen Schulen:
- **Kinder aus hohem sozialen Status: 2,7-mal höhere Gymnasialempfehlung als Facharbeiterkinder**
- **Kinder aus hohem sozialen Status: 7,4-fache Chance, zu studieren als Kinder aus niedrigem Status**

Ausgrenzungserscheinungen im Grundschulalter
- verspätete Einschulung
- Leistungsprobleme
- mangelnde Deutschkenntnisse
- fehlende Integration in die Klassengemeinschaft

- geringe Förderung durch die Eltern
  - ➜ niedriger Schulerfolg; niedrige schulische Laufbahn

Die Ursachen werden noch verstärkt von
- schlechter Lebenssituation der Familien (Wohnsituation, Schul- und Bildungsabschlüsse, Arbeitslosigkeit, Drogen- und Suchtmittelgebrauch, Straffälligkeit) verstärkt
- !besonders gefährdet!: ausländische Kinder

Um die Vererbung von Armut über den Bildungskanal zu verhindern, muss man diesen Familien finanziell entgegen kommen und ihnen kulturelle Kennenlernmöglichkeiten eröffnen -> Exklusionskarrieren können verhindert werden!

Denn: „Bildung ist der Schlüssel zur Teilhabe"

Bildung -> spielt in Dienstleistungs- und Wissensgesellschaft eine große Rolle -> Vorbedingung für ökonomische und soziale Teilhabe -> ungleiche Verteilung in D
- ➜ größere Armutsfolgen nach der Grundschulzeit als nach der Kindergartenzeit!

2.) Kinderarmut schließt Kinder aus

Familien verzichten bei wenigem Gehalt am ehesten auf kulturelle & soziale Angebote, die über den Grundbedarf eines Kindes hinausgehen
- Eltern machen oft selbst bei sich Abstriche
- Kinderarmut (im Sinne materieller Unterversorgung) steht erst am Ende einer von den Eltern nicht zu bewältigenden wirtschaftlichen Situation
- Die Kommerzialisierung der Kinder- und Jugendkultur kann nicht mitgetragen werden – so landen viele Kinder vor dem Fernsehen als Freizeitbeschäftigung Nr. 1

3.) Kinderarmut beeinträchtigt Gesundheit

Kinder mit erhöhtem Armutsrisiko haben häufiger als nicht arme Kinder **gesundheitliche Probleme** oder sind **in ihrer Entwicklung zurück**

Merkmale:
- unregelmäßige Essenszahlungen
- mangelnde körperliche Pflege
- Auffälligkeiten im Spiel- und Sprachverhalten
- geringere Teilnahme am Gruppengeschehen
- Sehstörungen, Beeinträchtigungen der geistigen Entwicklung, psychomotorische Defizite
- Unfallverletzungen, zahnmedizinische Auffälligkeiten
- Nichtwahrnehmen von Vorsorgeuntersuchungen im Rahmen des Krankheitsfrüherkennungsprogramms für Kinder (diese Unterschiede nehmen bei späteren Vorsorgeuntersuchungen noch zu!).

Gesundheitsverhalten:
- Jungen und Mädchen der Haupt- und Realschule rauchen häufiger, als GymnasiastInnen.
- Mädchen und Jungen aus der niedrigsten Wohlstandsgruppe konsumieren mehr Fernseher, als die der höchsten.
- Obst & Gemüse essen alle gesellschaftlichen Schichten! Hier zeigen sich jedoch Unterschiede beim Verzehr von Süßigkeiten und Softdrinks, bei der Versorgung mit Frühstück von zu Hause in der Schule.
- Somit ist auch die unterschiedliche Verbreitung von Übergewicht zu erklären: 15,8% der Jungen und 9,4% der Mädchen mit niedrigem familiären Wohlstand sind übergewichtig. Hingegen 8,2% der Jungen und 3,7% der Mädchen aus besser gestellten Familien.

4.) Kinderarmut raubt Selbstbewusstsein

Je niedriger die Herkunftsschicht, desto geringer die Würdigung, die Kinder bzgl. der eigenen Meinung in Familie, Freundeskreis, Schule und sonstigem institutionellem Umfeld erfahren.

5.) Kinder sind häufiger arm als Erwachsene

- Durch Einführung von HartzIV im Januar 2005 geht eine Studie des Paritätischen Wohlfahrtsverbandes (DPWV) von einer Zahl von Armut betroffenen Kindern von 1,7 Mio aus. Nach Schätzungen der AWO sind es 2007 ca. 2,5 Mio. – das betrifft jedes 6. Kind in D!![1]
- 2005 erhielten 13,4% der unter 15-Jährigen Sozialgeld. (in Westdeutschland jedes neunte Kind (11,3%) und in Ostdeutschland jedes vierte Kind (24,4%) Hinzu kommt eine Dunkelziffer von 225000 Kindern, die ein Anrecht auf Sozialgeld hätten, das jedoch nicht beansprucht haben.)

Ende 2003 waren ~ 1,1 Mio. Minderjährige auf Sozialhilfe angewiesen. (2007 sind es Schätzungen zufolge bereits 2,6 Mio.[2]) Dies ist so die größte Gruppe der Sozialhilfebezieher. Die Sozialhilfequote beträgt 7,2% im Vergleich zur Gesamtbevölkerung (3,4%).
Mehr als 50% dieser Kinder wächst mit nur einem Elternteil auf.
26,3% ALLER allein erziehenden Frauen beziehen Sozialhilfe. 52% aller alleinerziehenden Mütter mussten monatlich mit einem Nettoeinkommen von unter 1300€ wirtschaften.

Differenzierte Lebenslagen in D

- Haushaltsnettoeinkommen
- Vermögen-Schulden-Bilanz
- Wohneigentum
- subjektive Einschätzungen (soziale und politische Teilhabe, Fehlen individueller Einschätzungen, Ressourcen, Fertigkeiten und Kompetenzen)

- ➢ kinderreiche Familien
- ➢ allein Erziehende
- ➢ ausländische Familien
- ➢ Haushalte mit minderjährigen Kindern in Ost-D
- ➢ Arbeitslosigkeit, Trennung & Scheidung, Überschuldung, Niedrigeinkommen

} höhere Aus-grenzungs-risiken

2003

Armutsrisikoquote in D	von Arbeitslosen	40,9%
	mit einem Teilerwerbstätigen	30%
	mit zwei Teilerwerbstätigen/einem voll Erwerbstätigen	4%

niedrige soziale Schicht -> wenn überhaupt, niedriger Schulabschluss -> keine Ausbildungsstelle -> arbeitslos -> Sozialfall

- ➢ MigrantInnen
- ➢ geringe Bildungs- und Ausbildungsbeteiligung -> mangelnde Sprachkenntnisse -> Erwerbslosigkeit -> Sozialleistungen -> schlechte Bildungsabschlüsse der Kinder -> schlechtere Chancen auf dem Ausbildungsmarkt -> Lehrstellenknappheit

Nach der UNICEF-Vergleichsstudie „Child Poverty in Rich Nations 2005" ist der Anteil der Kinder, die in Armut leben, in den meisten reichen Nationen angewachsen. In D ist die relative Kinderarmut seit 1990 sogar stärker gestiegen, als in den meisten anderen Industriestaaten (Zunahme der Kinderarmut von 1990 bis 2001 um 2,7%!)

Armut = Bildungsarmut = Beziehungsarmut
- ➔ Armut = komplexe Mischform von ökonomischer, kultureller und sozialer Armut
- ➔ jedoch steht am Anfang der Betrachtung von Armut zunächst immer der Mangel an ökonomischen Ressourcen
- ➔ Kinder entwickeln erst ihr zukünftiges kulturelles und soziales Kapital und sind so in ökonomischer Hinsicht Teil des elterlichen Haushaltes, also von der ökonomischen Lage der Eltern abhängig -> leichte Gefahr der sozialen Ausschließung durch Armut

---

[1] Deutsches Jugendinstitut 2007, 1
[2] John 2007

3

2400 Familien wurden hinsichtlich der Auswirkungen spezifischer Armutslagen auf die kindliche Entwicklung (im Alter von 5 bis 13 Jahren) befragt.
- Zahl der Kinder, die in armen Familien leben, nimmt stetig zu
- Teilhabe der Kinder am sozialen Geschehen ist zum Standard der westl. Gesellschaft geworden
  → Kinder werden gegenüber Erwachsenen autonom:
    - Kinderrechte
    - Kinder sollen Entscheidungen treffen
    - Eltern-Kind-Hierarchie tritt zurück
    - Kinder gewinnen eigenständige Position im Gefüge sozialpolitischer und wohlfahrtsstaatlicher Netze
  → Institutionalisierung der Kinder greift weiter um sich: Kinder werden länger betreut und beschult. Traditionelle kindliche Freiräume werden in das Kleinkindalter verschoben (Spielen auf der Straße, auf Plätzen etc.)
  → Zunehmende Alterssegmentierung der kindlichen Lebenswelt: Nicht gleichaltrige Kindergruppen werden durch Gleichaltrige und erwachsene BetreuerInnen ersetzt. Kinder werden in das gesellschaftlich dominante Inklusionsmuster zeitlich strukturierter Lebensläufe eingefügt.
  → Kindheit wird kommerzialisiert: Traditionelles Spielzeug ist längst überschritten in Richtung elektronischer Kommunikation und der Medien

  → **Kinderarmut bekommt eine neue, biografisch besonders gravierende Bedeutung**
  → **Realisierung der (gesellschaftlichen) Teilhabe erfordert materielle Ressourcen, Humanressourcen (z.B. Selbstbewusstsein)**

1.) Soziale Teilhabe der Kinder in Abhängigkeit von Einkommen, Bildung und Armutslage

Familie als Dimension
  → Familie kann Auswirkungen der Armut auf die Kinder auffangen!
- Der Anteil der Kinder, die häufige gemeinsame Aktivitäten mit den Eltern machen, wächst mit steigender Schicht deutlich!
- Die Konflikthäufigkeit ist bei den ärmsten Kindern etwa doppelt so hoch wie bei den nicht-armen Kindern, besonders bei technologischen Dingen.
- Nicht nur DER Streit ist ein Indikator für das Familienklima, sondern die Art, wie der Streit beigelgt wird.
  → Arme Kinder/Familien müssen unterstützt werden, gemeinsame Aktivitäten zu unternehmen: z.B. durch verstärkte Kostenermäßigung bei Eintritten, Fahrpreisen und sie müssen unterstützt im Bereich der sozialpädagogischen Erziehungshilfe unterstützt werden: z.B. Regulierung von Konsumkonflikten

Freundschaften als Indikator für soziale Teilhabe
Kinder in strenger Armut haben eher Kontakt zu Cliquen

Freizeit in Vereinen
Kinder aus armen Familien sind seltener in einem Verein -> jedoch entscheidet hier auch oft das Bildungsniveau im Haushalt darüber, ob für Vereine der Kinder noch Geld da ist oder nicht

2.) Zusammenhang zwischen Armut und Persönlichkeit des Kindes
Analyse von Lebensbedingungen während der Grundschulzeit im Vergleich zu den Outcomes in der Sek. II
- motorische Unruhe von Kindern wird bestärkt
  - am deutlichsten mit dauerhafter Armutserfahrung
  - dann mit der Bildung der Mutter
  - dem Geschlecht
  - der Familienart

3.) Zusammenhang von (Dauer)armut und Schulleistungen
- Schule verstärkt Unterschiede, anstatt sie auszugleichen
- Rechen- und Lesekompetenz verschlechtert sich je länger die Armut bereits andauert
- Neben der Dauer der Armut verstärkt auch das Erleben der Verarmung einen negativen Wirkungsfaktor auf Schulerfahrung und Leistung (Kinder verbinden Armut mit schulischen Misserfolgen -> resignative Deutung der Schulprobleme)

4

- Mit zunehmendem Alter der Grundschulkinder geht das subjektiv geäußerte Wohlbefinden deutlich zurück

4.) Zusammenhang zwischen Armutsintensität und Unwohlsein
- Kinder aus sehr armen und armutsgefährdeten Familien fühlen sich sehr viel wohler als Kinder aus nicht armen Familien
- Kinder, deren Armut sich erneut verschlechtert, fühlen sich sehr unwohl
- Die Kinder in Dauerarmut fühlen sich tendenziell wohler

Arme Kinder leben einem „Teufelskreis der Armut", der Armut und Ausgrenzung verstärkt:
- materielle Dinge
- Entfaltungsmöglichkeiten
- Spielmöglichkeiten
- Chancengleichheit
- Wohnen häufig in vernachlässigten Stadtteilen -> schlechte Kindertageseinrichtungen u Schulen

Gründe:
- Keine existenzsicheren Jobs, stattdessen politisch geförderter Niedriglohnausbau, Flexibilisierung
- ALG II / Hartz IV-Regelsatz haben bewusst die Lage von Arbeitslosen verschlechtert und zwingen die Arbeitslosen bewusst zur Aufnahme jeder Arbeit um jeden Preis! Plötzlich weggefallene „Sonderbeihilfen" (für Kleindung, defekte Haushaltsgeräte, Schulmaterialien) verschärften die Lage!
- Öffentliche Armut – leere Kassen – sind armutsgefährdend (und dass obwohl D noch nie so reich war wie derzeit. Jedoch besitzen 10% der vermögendsten westdeutschen Haushalte 45% des GESAMTEN Nettoeinkommens Ds!)

„Das UN-Kinderhilfswerk UNICEF schätzt, dass in Deutschland etwa 200.000 Kinder in verwahrlostem Zustand leben. Verwahrlosung bedeutet aber nicht nur mangelnde Ernährung oder Fürsorge, sondern auch die seelische Verwahrlosung von Kindern, die ohne Aufsicht den Einflüssen von Medien überlassen sind. Dieses Phänomen zieht sich durch alle gesellschaftlichen Schichten. Jeder sechste der 15 Millionen Minderjährigen in Deutschland lebt von HartzIV-Bezügen. Die Zahlen steigen. Im Jahr 2004 lebten 965.000 Kinder von Sozialhilfe, 2007 sind es bereits über 1,5 Millionen. Armut geht für einen Teil der Kinder mit Vernachlässigung einher. Heinz Hilgers, Präsident des deutschen Kinderschutzbundes, schätzt, dass 99 Prozent aller verwahrlosten Jungen und Mädchen in armen Familien leben."[3]

Grundlage: 2. Armuts- und Reichtumsbericht der Bundesregierung (2005)
In D beträgt die errechnete Armutsrisikogrenze/der Median 938€: Die Armutsrisikoquote ist von der Bundesregierung definiert als Anteil der Personen in Haushalten, deren „bedarfsgewichtetes Nettoäquivalenzeinkommen" weniger als 60% des Mittelwertes (Median) aller Personen beträgt, d.h.: Als arm gilt in D derjenige, dessen Einkommen weniger als 60% des Durchschnittseinkommens beträgt.[4]
- diese Einkommensarmut ist als Schlüsselmerkmal von Armut zu sehen mit all ihren Auswirkungen auf weitere Lebensbereiche wie z.B. Gesundheit oder BILDUNG

Jedoch kann man Armut nicht nur finanziell am Einkommen berechnen, sondern muss auch die Facetten realisierbarer Bildungsniveaus und die Integration in den Arbeitsmarkt betrachten!
Ursachen für Sozialhilfebezug:
- erschwerter Zugang zu Erwerbstätigkeit
- fehlende Kinderbetreuungsmöglichkeiten

Lt. Bundesregierung: *Durch die „neue" Sozialhilfe zum 1.1.2005 (SGB XII) werde Kinderarmut gesenkt, da die Grundbedürfnisse und das sozio-kulturelle Existenzminimum abgesichert würden und Armut verhindert werde.*

---

[3] Nieswiodek-Martin o.J., 4
[4] Nach der UNICEF-Studie „Child Poverty in Rich Nations 2005" leben in D 10,2% aller Kinder in Armut, wenn man als Kriterium die Haushalte heranzieht, in denen Kinder leben, die weniger als 50% des durchschnittlichen Nettomedianeinkommens zur Verfügung haben.
Die World Vision Kinderstudie hat subjektive Einschätzungen der Eltern zur Richtlinie genommen, wie gut oder wie schlecht mit dem verfügbaren Einkommen zurechtkommen.

Einkommensarmut kann abgefedert werden:
- gutes Familienklima
- fördernder Erziehungsstil
- positive Eltern-Kind-Beziehung
- Umfeld
- soziale Netzwerke
- frühzeitiger Kindergartenbesuch

95% der Mütter betreuen nach der Scheidung mindestens ein Kind im Haushalt; aber nur 23% der Väter
- wegen fehlenden Unterhaltes (¼ der Frauen!!) ist die Mutter gezwungen, wieder erwerbstätig zu werden!!

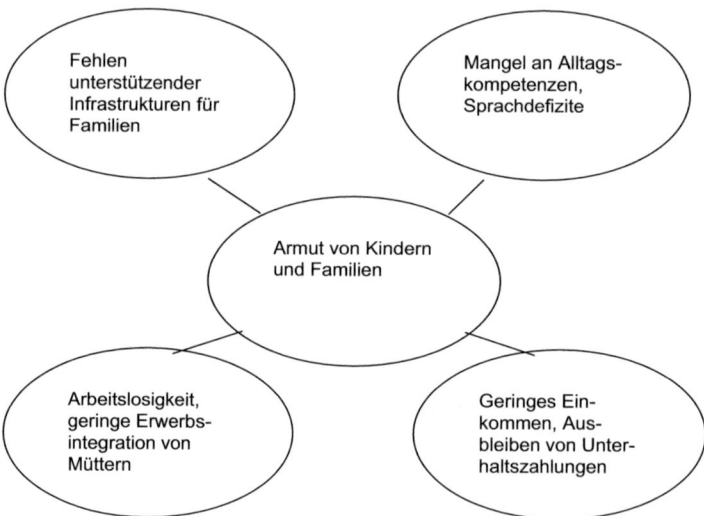

Mütter, die vor der Trennung nicht Vollzeit erwerbstätig waren oder mit langer Ehedauer sind von negativen wirtschaftlichen Folgen nach Trennung und Scheidung besonders betroffen
- wichtigste Risikofaktoren während Trennung & Scheidung:
➤ unzureichende Erwerbstätigkeit
➤ fehlende Kinderbetreuung

Lt. Bundesregierung:
Kindergeld, Erziehungsgeld, Unterhaltsvorschub, BAföG reduzieren die relative Einkommensarmut von Familien *deutlich*:
Durch folgende Maßnahmen sei die Armutsrisikoquote um 9% reduziert worden:
- Erhöhung des Kindergeldes von 112€ auf 154€ zwischen 1998 und 2002
- Erhöhung der Kinderfreibeträge
- Reform des BAföGs
- Reform des Wohngeldes sei von ca. 110€ (1998] auf 150€ (2002] gestiegen
- Kinderzuschlag ab 1. Jan. 2005 (für die Eltern, die zwar mit eigenem Einkommen ihren (elterlichen) Bedarf abdecken, jedoch ohne den Kinderzuschlag wegen des Bedarfs der Kinder Anspruch auf Arbeitslosengeld II hätten)
    ➔ Hilfe im Kampf gegen Kinderarmut

Kinder und Jugendliche leben auf der Straße

Hier existiert nur eine Hochrechnung, die auf „Szeneschätzungen" in neun Großstädten basiert. Man geht von 5000-7000 für den „harten Kern" von „Kindern und Jugendlichen auf der Straße" aus.

Kennzeichen:
- Flucht aus den bisherigen Lebenszusammenhängen
- schleichende Abwendung von Familie bzw. Jugendhilfe-Einrichtung, Schule bzw. Ausbildung
- „Straßenkinder" pendeln auch oft zwischen Straße/Familie/Jugendhilfe
  → keine dauerhafte Obdachlosigkeit!
- Kinder und Jugendliche AUF der Straße sind nicht mehr in ihren Heimatstädten – kaum Kinder unter 14 Jahren, eher Jugendliche und junge Erwachsene. Doch hier ist oft schon im Alter von 8-11 Jahren Schuleschwänzen zu beobachten.

Fazit und Ausblick

Dadurch, dass dieser Bericht nicht von der unabhängigen Expertenkommission herausgegeben wurde, sondern von der Bundesregierung selbst, kann er nicht die verschärfenden Bedingungen von Armut offen legen und dafür evtl. notwendige politische Instrumente konzipieren, sondern konzentriert sich auf die Maßnahmen, die in der zwischen den beiden Armutsberichten liegenden Zeit betreffenden Ministerien ein- und durchgeführt wurden.

Ein altes afrikanisches Sprichwort:
„Es braucht ein ganzes Dorf, um ein Kind stark zu machen."
- Unterstützung der Eltern
- Verbesserung der rechtlichen Stellung von Kindern:
  „Dass Kinder als eigenständige Persönlichkeiten mit eigenen Rechten zu achten und in der Gesellschaft zu beteiligen sind, entspricht noch nicht durchgängig der allgemeinen öffentlichen Meinung, geschweige denn der täglichen Praxis in Elternhaus, Schule, öffentlichen Einrichtungen sowie Verwaltung und Politik."[5]
  „Die ‚National Coalition für die Umsetzung der UN-Kinderrechtskonvention', ein bundesweiter Zusammenschluss von mehr als 100 Organisationen unter Rechtsträgerschaft der Arbeitsgemeinschaft für Kinder- und Jugendhilfe, hat Anfang 2007 die Forderung erhoben, Kinderrechte in das Grundgesetz der Bundesrepublik Deutschland aufzunehmen und damit endlich die Konsequenz aus dem Beitritt zur Kinderrechtskonvention der Vereinten Nationen zu ziehen."[6]

  Das Aktionsbündnis Kinderrechte schlägt folgende Kernelemente für eine Verfassungsänderung vor:[7]
  - Der Vorrang des Kindeswohls bei allen Kinder betreffenden Entscheidungen;
  - Das Recht des Kindes auf Anerkennung als eigenständige Persönlichkeit;
  - Das Recht des Kindes auf Entwicklung und Entfaltung;
  - Das Recht des Kindes auf Schutz, Förderung und einen angemessenen Lebensstandard;
  - Das Recht des Kindes auf Beteiligung, insbesondere die Berücksichtigung seiner Meinung entsprechende Alter und Reifegrad;
  - Die Verpflichtung des Staates, für kindgerechte Lebensbedingungen Sorge zu tragen.
→ Nationaler Aktionsplan für ein kindgerechtes D, denn nur so können die Machtverhältnisse verschoben werden: Chancengleichheit durch Bildung, Aufwachsen ohne Gewalt, Förderung eines gesunden Lebens und Umweltbedingungen, Beteiligung von Kindern und Jugendlichen, Entwicklung eines angemessenen Lebensstandards,
→ In allen Bereichen (Familie, Freizeit, Bildung, Elternbildung, Politik gegen Kindervernachlässigung, Gesundheit) ist GANZ DEUTSCHLAND gefragt!

D gehört zu den reichsten Ländern der Welt und eröffnet Menschen, die hier leben, weitgehende Teilhabe- und Verwirklichungschancen. Jedoch gibt es auch Menschen am Rande der Gesellschaft, deren Handlungsspielräume durch besondere Umstände gravierend eingeschränkt sind und deren Sicherung der Grundbedürfnisse gefährdet ist.

---

[5] Aktionsbündnis Kinderrechte, 4
[6] Kurrelmann / Andresen o.J., 366-367
[7] Aktionsbündnis Kinderrechte, 4

Armutsrisiken müssen bekämpft werden:

- Ausbau der Tagesbetreuung und frühe Förderung im Hinblick auf Zugangschancen zu Bildung und Arbeit
  → optimale Bildungsmöglichkeiten unabhängig von der sozialen Herkunft der Kinder, denn die ersten sechs Lebensjahre prägen die Grundlagen für die weiteren Bildungs- und Lebenschancen
  → z.B. in Krippen: unter 3-Jährige -> Spracherwerb für Kinder mit Migrationshintergrund, so entsteht auch für ins. die wieder die Möglichkeit, erwerbstätig zusein und Einkommensarmut und Ausgrenzung von Familien zu verringern
  → z.B. in Kindertagesstätten: Betreuung, frühkindliche Erziehung, individuelle Förderung, Bildung
  → z.B. in Ganztagsschulen: auch hier soll die Vereinbarkeit von Familie und Beruf und damit Erwerbsmöglichkeiten von Frauen verbessert werden. Bildungsbenachteiligte Kinder können hier in Aktionsprogrammen (übrigens auch durch Bildungsangebote der Kinder- und Jugendhilfe) integriert werden und mögliche Sprach-, Lese- und Schreibdefizite angegangen werden.
- Kinderzuschlag von monatlich bis 140€ + Kindergeld von 154€ + Wohngeld
  → so werden 150000 Kinder und ihre Familien unabhängig von Arbeitslosengeld II
- Förderung benachteiligter Jugendliche: Jugendliche unter 25 Jahren können einen Antrag auf Leistungen der Grundsicherung für Arbeitssuchende stellen und so werden Unterkunft und Heizung direkt dem Vermieter bezahlt. Diese Jugendlichen werden sofort in Arbeit, Aus- oder Fortbildung vermittelt. Mit sog. Kompetenzagenturen sollen frühzeitige und langfristige Strategien der individuellen Hilfeplanung für benachteiligte Jugendliche entwickelt werden.
- Armutsprävention
  → Maßnahmekonzept: Vermittlung individueller Selbsthilfekompetenzen durch die Förderung von Wissen in finanziellen und hauswirtschaftlichen Fragen (z.B. durch Trägerorganisationen – breites Bündnis gesellschaftlicher Kräfte; oder in den Schulunterricht integriert)
  → Unterstützung von Familien und Kindern durch Angebote, die zu einer erfolgreichen Familienerziehung beitragen und das Familienleben erleichtern (z.B. Aus- und Umbau von Familienzentren in verschiedenen Sozialräumen, die niedrig schwellende Bildungsangebote aus dem Jugend-, Erwachsenenbildungs- und Gesundheitsbereich schaffen.)
- **Kommunen sollen Angebote und Infrastruktur für ALLE Kinder öffnen und nicht den Zugang durch weitere Kostenerhöhungen erschweren!**

ACHTUNG: Armut darf jedoch nicht pädagogisiert werden! Durch Bildung allein lässt sich Armut nicht bekämpfen, solange Arbeitsplätze fehlen!

Lösungsansätze:

Kinderarmut könne bekämpft werden:
- ➢ bessere Vereinbarung von Elternschaft und Berufstätigkeit (-> Teilzeitarbeit)
- ➢ Bildungsstand der Eltern verbessern
- ➢ bessere Sprachkenntnisse
- ➢ besseres Haushalts- und Zeitmanagement
  - ○ Ganztagsschule:
    - ▪ Teilzeitarbeit wird möglich
    - ▪ bessere Bildung

Haushalts- und Familienkompetenzen sollen von frühester Kindheit an in unterschiedlichen schulischen und außerschulischen Bildungsprozessen erworben werden:

Bewältigung konkreter Situationen durch
- ➢ Fähigkeiten und Fertigkeiten des Einzelnen
- ➢ unterstützende Strukturen
- ➢ Angebote

- **Verhinderung von Armut bei Familien, insbesondere Ein-Eltern-Familien und Familien mit Migrationshintergrund („Armutsvermeidung")**
- **Unterstützung armer, aber auch nicht-armer Familien, die – orientiert an der Lebenslage der Kinder – offensichtlich Hilfe brauchen („Unterstützung von Familien")**

-   Förderung von armen Kindern, die zusätzliche und damit eine anders gestaltete Unterstützung brauchen (Umsetzung einer kindbezogenen „Armutsprävention")

Präventionsprojekt: ARCHE
1995 wurde in Berlin das Kinder- und Jugendzentrum „Die ARCHE" gegründet. Träger des Zentrums ist das christliche Kinder- und Jugendwerk e.V. Ziel des Vereins ist es, Kinder von der Straße zu holen, sinnvolle Freizeitmöglichkeiten zu bieten und gegen soziale Not anzugehen, sowie Kinder wieder in den Mittelpunkt der Gesellschaft zu stellen. In ihrem „Haupthaus" in Berlin-Hellersdorf betreut die ARCHE täglich bis zu 600 Kinder und Jugendliche (im Jahr 2006 noch ca. bis zu 70!). Sie bietet Hausaufgabenhilfe, diverse Spiele, eine einmal im Monat stattfindende Kindergeburtstagsparty, Sport- und Workshopangebote, Freizeitcamps, **warmes & kostenloses Essen**. Die ARCHE finanziert sich aus Spendengeldern. Mit dem Motto „Prävention statt Reaktion" macht der Verein auf die Situation von sozial schwachen Kindern und Jugendlichen in D aufmerksam. Hier werden Ursachen und Missstände genannt. Daher sucht der Verein auch Verantwortliche und Partner in der Politik. Vorliegendes Buch ist sehr bewegend, wenn es die Geschichte eines 3-jährige Kindes beschreibt, das mit der Straßenbahn durch Berlin fährt, um eine warme Mahlzeit zu bekommen.
Es gibt ARCHEn in
Berlin Marzahn-Hellersdorf (Stammhaus)
Berlin Friedrichshain
Hamburg
München
geplant sind weitere in Potsdam, Berlin, Düsseldorf und Köln

Staatliche Hilfen werden gestrichen, stattdessen eher rechtsradikale Gruppen unterstützt. Stellt sich die Frage, ob die ARCHE zu fromm ist? Schließlich wird vor dem Essen gebetet...

Literatur

*   Aktionsbündnis Kinderrechte: Hintergrundpapier des „Aktionsbündnisses Kinderrechte" – Deutsches Kinderhilfswerk, Deutscher Kinderschutzbund, UNICEF, unter: www.kinderrechte-ins-grundgesetz.de/fileadmin/kinderrechte/grundsatzpapier.pdf, zuletzt abgerufen am 15.01.2008
*   Bundesministerium für Arbeit und Soziales (2005): Lebenslagen in Deutschland. Der 2. Armuts- und Reichtumsbericht der Bundesregierung
*   Deutscher Bundestag: www.bmfsfj.de/doku/kjb/data/download/zusammenfassung.pdf
*   Deutsches Jugendinstitut (2007): Kinderarmut: einmal arm – immer arm?, Auf einen Blick, Ausgabe Thema 2007/11, In: Deutsches Jugendinstitut, unter www.dji.de/cgi-bin/projekte/output.php?projekt=790&Jump1=LINKS&Jump2=15, sowie www.dji.de/cgi-bin/projekte/output.php?projekt=790&Jump1=LINKS&Jump2=16, zuletzt abgerufen am 12.02.2008
*   Holz, Gerda / Richter, Antje / Wüstendörfer, Werner / Giering, Dietrich: Zukunftschancen für Kinder!? – Wirkung von Armut bis zum Ende der Grundschulzeit. Zusammenfassung der Endberichts der 3. Phase der AWO-ISS-Studie, In: Institut für Sozialarbeit und Sozialpädagogik (ISS-Frankfurt a.M.) im Auftrag von Arbeiterwohlfahrt Bundesverband (AWO) (2005): Studie: Kinderarmut und deren Folgen, unter www.sozialpolitik-aktuell.de/docs/awokinderarmut12-2005.pdf
*   John, Susanne (2007): Kinderarmut: einmal arm – immer arm?, Editorial, Ausgabe Thema 2007/11, In: Deutsches Jugendinstitut, unter www.dji.de/cgi-bin/projekte/output.php?projekt=790&Jump1=LINKS&Jump2=10, zuletzt abgerufen am 12.02.2008
    Kurrelmann, Klaus / Andresen, Sabine: Kinderpolitik: Das „ganze Dorf" wird gebraucht, In: World Vision (Hg.) (2007): Kinder in Deutschland 2007. 1. World Vision Kinderstudie, Frankfurt a.M., 361-390
*   Nieswiodek-Martin, Ellen: Die vernachlässigte Generation, In: Christliches Medienmagazin Pro, 3/2007, Christlicher Medienverbund KEP e.V. (Hrsg.), Wetzlar, 4-7
*   Siggelkow, Bernd / Büscher, Wolfgang (2007): Deutschlands vergessene Kinder. Hoffnungsgeschichten aus der ARCHE, Asslar
*   Statistisches Bundesamt (Hrsg.) (2006): Datenreport 2006, unter: www.destatis.de/jetspeed/portal/cms/Sites/destatis/Internet/DE/Content/Publikationen/Querschnittsveroeffentlichungen/Datenreport/Downloads/DEinommen,property=file.pdf
*   Statistisches Bundesamt: Armut und Lebensbedingungen. Ergebnisse aus LEBEN IN EUROPA für Deutschland 2005. Presseexemplar, unter: www.destatis.de/jetspeed/portal/cms/Sites/destatis/Internet/DE/Presse/pk/2006/EU-Silc/Pressebroschuere__EU__Silc,property=file.pdf

- www.tagesschau.de/inland/kinderarmut22.html
- www.unicef.de/3804.html
- Unicef (2005): Kinderarmut in reichen Ländern. Zusammenfassung der UNICEF-Studie, unter: www.unicef.de/fileadmin/content_media/mediathek/I_0104_Kinderarmut_in_Industriel_ndern_0 5.pdf
- World Vision (Hg.) (2007): Kinder in Deutschland 2007. 1. World Vision Kinderstudie, Frankfurt a.M.